NATIONAL GEOGRAPHIC

T0061062

Peldaños

El puente Golden Gate

MARAVILLAS ESTADOUNIDENSES

2 El Golden Gate *Artículo de Historia*
por Sue Miller

8 Acortar el tiempo *Artículo de referencia*
por Debbie Nevins

16 Trabajar bajo el agua *Artículo científico*
por David Holford

24 Un color llamativo *Narración de no ficción*
por Brinda Gupta, ilustraciones de James Madsen

32 Comenta

El Golden Gate

por Sue Miller

El puente Golden Gate se extiende a través del estrecho de Golden Gate.

El **estrecho** de Golden Gate es un canal que une el océano Pacífico y la bahía San Francisco. Las aguas pueden parecer calmas en la foto de abajo, pero este estrecho es bien conocido por sus aguas agitadas y su densa bruma.

El estrecho de Golden Gate está en el norte de California. Separa la ciudad de San Francisco del condado Marin. En el año 1919, dirigentes municipales de San Francisco querían

El puente Golden Gate une la ciudad de San Francisco con el condado Marin.

construir un puente que cruzara el estrecho. En esa época, muchas personas vivían en el condado Marin y trabajaban en San Francisco. La única manera de ir y volver entre la casa y el trabajo era tomar un transbordador.

Muchos expertos decían que construir un puente era una mala idea. Creían que sería muy peligroso. Un peligro serían las **mareas fuertes** del estrecho. Una marea fuerte es una corriente fuerte que fluye desde la costa hacia el océano. Estas mareas hacen que la construcción subacuática sea muy difícil, y la construcción subacuática es necesaria para construir puentes. Además de las mareas fuertes, otros peligros incluían los terremotos, la niebla, los vientos y las aguas profundas.

El ingeniero en puentes Joseph Strauss demostró que no era así. Creía que podía construir un puente que cruzara el estrecho. Su idea era un **puente colgante** que tendría cables aéreos que sostendrían la carretera por encima del agua para que los barcos pudieran pasar por debajo. El alcalde y el público recibieron bien las ideas de Strauss, pero los dueños de transbordadores no querían el puente. Con el puente, menos personas usarían los transbordadores para cruzar el estrecho.

Celebraciones y peligros

El 26 de febrero de 1933 fue un día de celebración. Al menos 100,000 personas se reunieron para observar el comienzo de la construcción del puente Golden Gate. Aviones de la marina volaron en lo alto. Se liberaron cientos de palomas en el cielo. Hubo discursos y un desfile. El alcalde de San Francisco y otro dirigente usaron una brillante pala dorada para preparar el terreno donde se construiría el puente.

Pero las obras en el puente ya habían comenzado antes de ese día. El 5 de enero de 1933, los trabajadores habían comenzado a colocar la base de las enormes torres que sostendrían los cables principales en su lugar. Los cables principales se extenderían de torre a torre. Una serie de cables más pequeños colgarían de los dos cables principales y sostendrían la carretera.

A finales del año 1933, habían comenzado las obras en las torres. La torre norte fue la primera que se construyó, seguida por la torre sur. Ambas torres miden 746 pies de alto. Los trabajadores tuvieron que enfrentarse al viento, el estado del tiempo y las alturas para **soldar** unos 600,000 remaches, o bulones, en cada torre. La soldadura es el proceso de usar calor para derretir piezas de metal y unirlas.

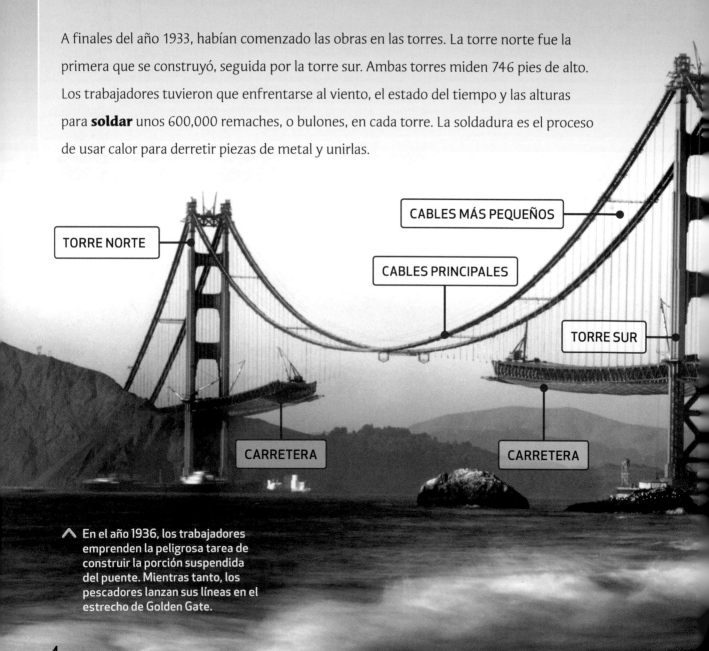

CABLES MÁS PEQUEÑOS

TORRE NORTE

CABLES PRINCIPALES

TORRE SUR

CARRETERA

CARRETERA

> ⌃ En el año 1936, los trabajadores emprenden la peligrosa tarea de construir la porción suspendida del puente. Mientras tanto, los pescadores lanzan sus líneas en el estrecho de Golden Gate.

Los trabajadores tuvieron que bobinar y encordar los cables principales de torre a torre.

Una vez que se completaron ambas torres, era hora de bobinar el cable. Los trabajadores usaron una máquina que bobinaba cables para enroscar 80,000 millas de cable de acero delgado y formar cables resistentes y flexibles. Después de poner todos los cables en su lugar, los trabajadores construyeron la carretera. Los equipos trabajaron en ambos extremos del puente. Se encontraron en el medio y completaron la carretera en abril de 1937. Ese día, el trabajador que puso el último remache en el puente, Edward Stanley, intentó martillar un remache de oro. Pero el metal se rompió en pedazos. Sin embargo, eso no evitó que los trabajadores estuvieran orgullosos del gran trabajo que habían hecho. En poco más de cuatro años, habían construido el puente de Strauss. Había costado aproximadamente $35 millones.

BASE (MAYORMENTE BAJO EL AGUA)

Los primeros en cruzar

Terminar el puente Golden Gate fue un momento de orgullo para la ciudad y el país. En mayo de 1937, vinieron personas de lugares cercanos y lejanos para celebrar. Hubo toda una semana de festejos.

El primer día de la celebración, se invitó al público a cruzar el nuevo puente a pie. Ese día, aproximadamente 200,000 personas cruzaron el puente caminando, corriendo, patinando, caminando con zancos, en monociclo e incluso bailando tap. Cerca de allí, los dirigentes municipales realizaron una ceremonia formal. Incluso hubo un desfile con bandas de música. Al día siguiente, el puente se inauguró para los carros. Más de 32,000 carros pagaron el peaje, o una pequeña tarifa, para cruzar el puente.

El puente Golden Gate se inauguró para el tránsito a pie la mañana del 27 de mayo de 1937. Miles de personas ya estaban esperando para cruzar a pie.

El pueblo de San Francisco tenía todo el derecho de celebrar. El puente Golden Gate unía la ciudad con el resto del país mejor que los transbordadores. Esto ayudó a que la región creciera en tamaño y riqueza. El puente sigue siendo uno de los símbolos más famosos de San Francisco, y atrae a turistas de todo el mundo.

Esta postal es de fines de la década de 1930. Muestra muchas de las vistas famosas que San Francisco ofrece a los visitantes.

Compruébalo ¿A qué tipos de desafíos se enfrentaron los trabajadores mientras construían el puente Golden Gate?

ACORTA
EL TIEMPO

por Debbie Nevins

EL PUENTE GOLDEN GATE ES UN SITIO DE INTERÉS MUY QUERIDO. HA RESISTIDO TORMENTAS Y TERREMOTOS, Y LO HAN USADO MUCHAS PERSONAS, PASAJEROS INTERURBANOS, MANIFESTANTES E INCLUSO PERSONAS QUE PRACTICAN *PUENTISMO*.

1934

Se inaugura una prisión federal en la isla Alcatraz, en la bahía de San Francisco, cerca de donde se construye el puente. Se dice que es imposible escapar de la prisión, pero unos cuantos prisioneros lo intentarán. Algunos de los criminales más peligrosos de la nación quedarán detenidos allí.

1924

El alcalde de San Francisco recibe un telegrama que anuncia que el gobierno de los EE. UU. ha aprobado el proyecto del puente Golden Gate.

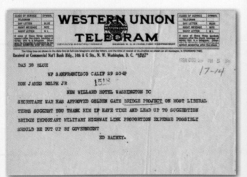

1933

Comienza la construcción del puente. No será fácil. Los trabajadores lucharán contra mareas fuertes, tormentas frecuentes y niebla densa. Once hombres morirán construyendo el puente.

En agosto, un buque a vapor choca contra un **caballete**, o soporte, y causa mucho daño.

1937

En marzo, la famosa piloto Amelia Earhart vuela sobre el puente inconcluso en un avión pequeño. Es la primera parte de su intento de volar alrededor del mundo, pero este intento no tendría éxito. Más adelante ese año, lo intentará de nuevo. Tristemente, su avión desapareció sobre el océano Pacífico.

El 27 de mayo, el alcalde de San Francisco, Angelo Rossi, corta una cadena para inaugurar el puente y unas 200,000 personas cruzan el puente. Al día siguiente, el puente se inaugura para el tránsito automotor.

1935

Comienza el bobinado de los cables principales. Cada uno de los dos cables medirá 7,650 pies de largo y tendrá 27,572 cables de acero adentro. Tomará más de seis meses bobinarlos.

1938

En octubre, Blackie el caballo gana una apuesta para su entrenador al cruzar a nado el estrecho de Golden Gate en solo 23 minutos. Vence a dos competidores humanos. El entrenador, Shorty Roberts, no sabe nadar, ¡así que se sostiene de la cola de Blackie todo el recorrido!

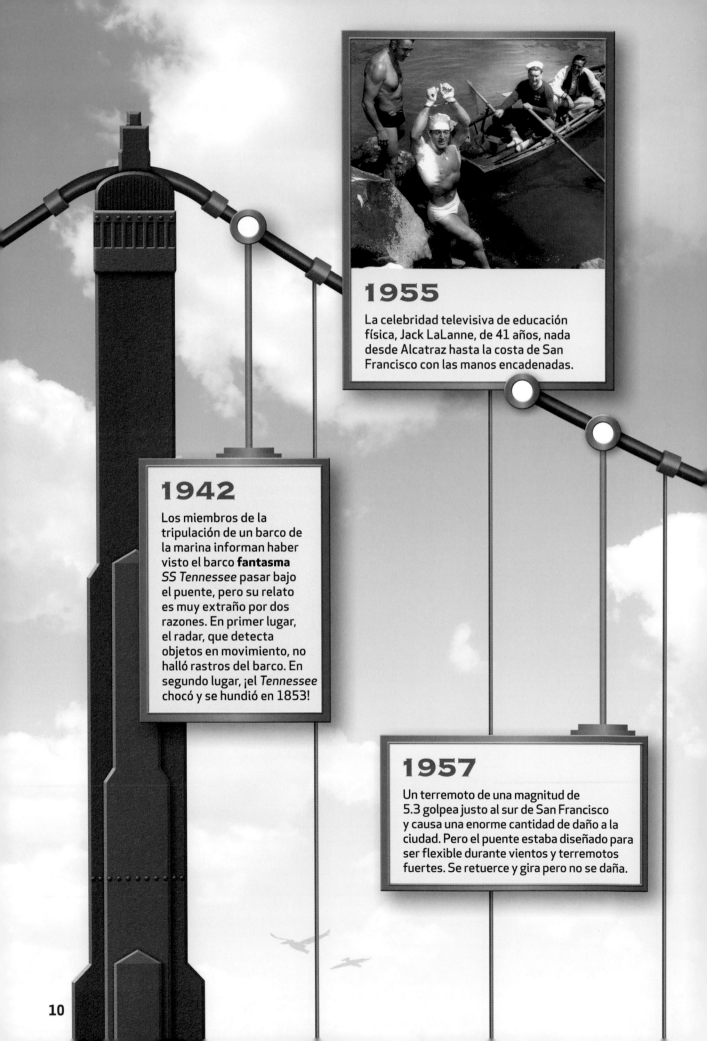

1955

La celebridad televisiva de educación física, Jack LaLanne, de 41 años, nada desde Alcatraz hasta la costa de San Francisco con las manos encadenadas.

1942

Los miembros de la tripulación de un barco de la marina informan haber visto el barco **fantasma** *SS Tennessee* pasar bajo el puente, pero su relato es muy extraño por dos razones. En primer lugar, el radar, que detecta objetos en movimiento, no halló rastros del barco. En segundo lugar, ¡el *Tennessee* chocó y se hundió en 1853!

1957

Un terremoto de una magnitud de 5.3 golpea justo al sur de San Francisco y causa una enorme cantidad de daño a la ciudad. Pero el puente estaba diseñado para ser flexible durante vientos y terremotos fuertes. Se retuerce y gira pero no se daña.

1958

El primer bebé que nace sobre el puente es un niño. En la década de 1990 otros dos bebés, ambos niños, nacerán en el puente.

1968

El Golden Gate se convierte en el primer puente que cobra peajes en un sentido. Los conductores que van al sur hacia San Francisco pagan un peaje de 50 centavos. Los que van al norte hacia el condado Marin cruzan gratis. En la actualidad el peaje hacia el sur es de $6 dólares.

1963

Se agregan carriles reversibles al puente, lo que permite que algunos carriles cambien de dirección en diferentes momentos del día. Esto ayuda a los conductores a cruzar el puente más rápido durante las horas pico.

1959

La niebla es común en el puente. En mayo, un equipo de filmación intenta rodar una escena en San Francisco. Temprano en la mañana se preparan sobre el puente, pero está tan neblinoso, que no pueden ver nada. Cuando la niebla se disipa, es la hora pico y la filmación causa un gran embotellamiento.

1972

El área recreativa nacional Golden Gate se establece como parque nacional. Unos 80,000 acres de tierra a ambos lados del puente se preservan para la **recreación** y el disfrute.

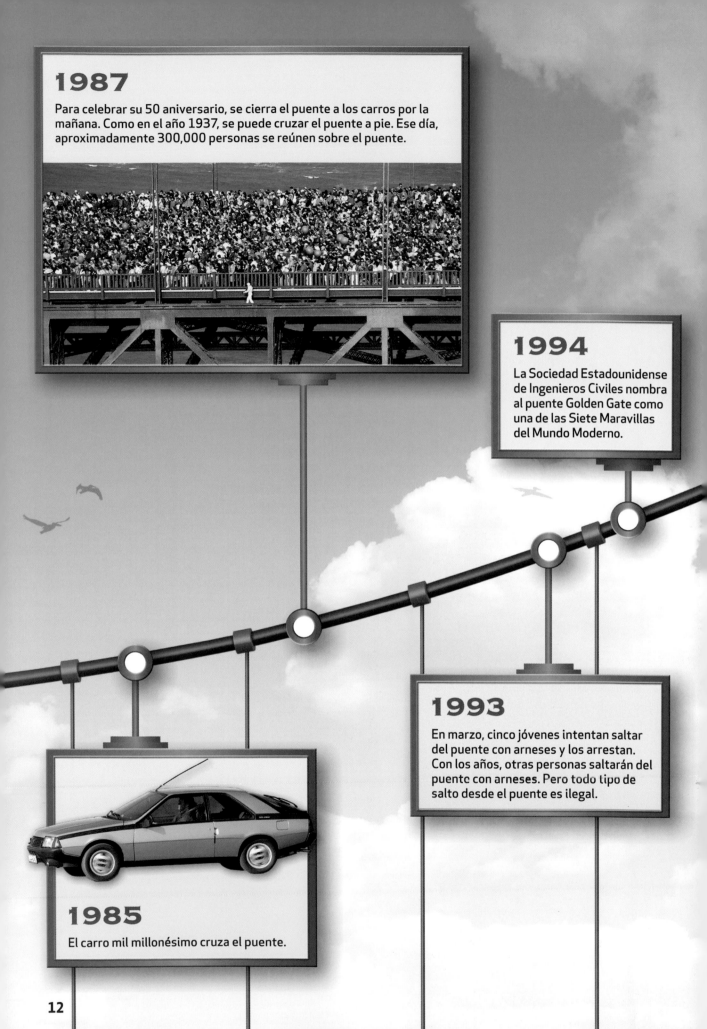

1987

Para celebrar su 50 aniversario, se cierra el puente a los carros por la mañana. Como en el año 1937, se puede cruzar el puente a pie. Ese día, aproximadamente 300,000 personas se reúnen sobre el puente.

1994

La Sociedad Estadounidense de Ingenieros Civiles nombra al puente Golden Gate como una de las Siete Maravillas del Mundo Moderno.

1993

En marzo, cinco jóvenes intentan saltar del puente con arneses y los arrestan. Con los años, otras personas saltarán del puente con arneses. Pero todo tipo de salto desde el puente es ilegal.

1985

El carro mil millonésimo cruza el puente.

2000

La grúa más grande del mundo, flotando sobre una barcaza, se desliza bajo el puente con solo 13 pies de separación.

2001

En el medio de la noche, unos bromistas cuelgan un carro a uno de los costados del puente. Los trabajadores del puente cortan el cable y dejan que el carro caiga al agua. Unos estudiantes de ingeniería de Canadá admiten haber realizado esa treta.

1998

El Servicio Postal de los Estados Unidos lanza una estampilla especial para homenajear al puente.

1996

El puente es un lugar popular para expresar opiniones sobre los problemas del mundo. En noviembre, unos manifestantes van al puente a oponerse a la tala de secoyas en el norte de California.

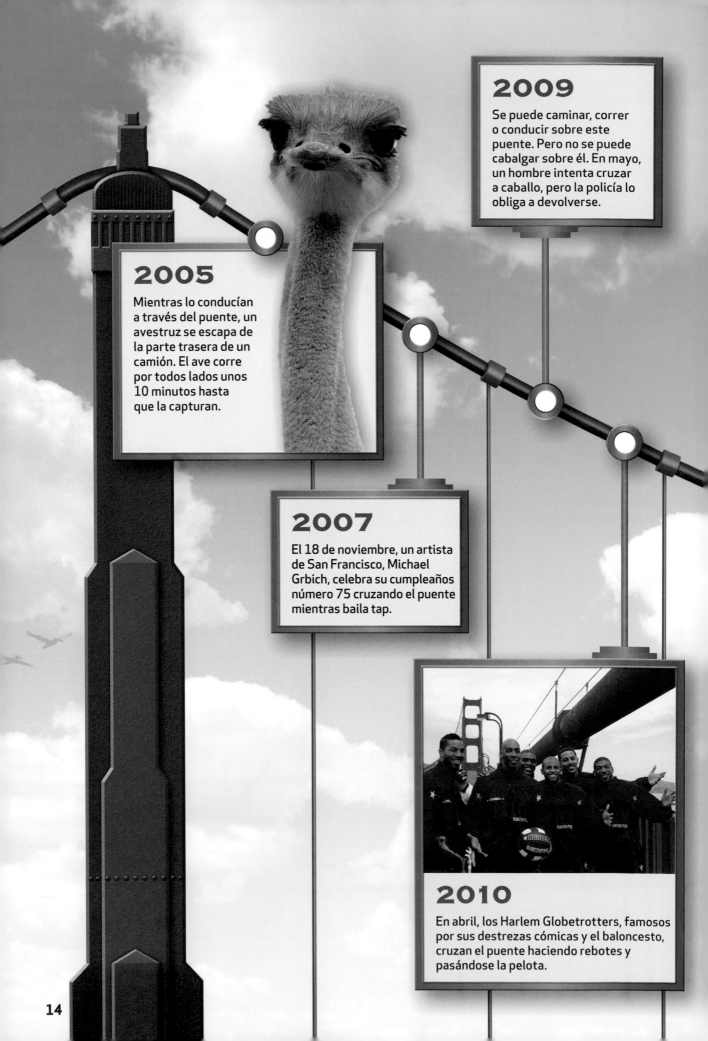

2009

Se puede caminar, correr o conducir sobre este puente. Pero no se puede cabalgar sobre él. En mayo, un hombre intenta cruzar a caballo, pero la policía lo obliga a devolverse.

2005

Mientras lo conducían a través del puente, un avestruz se escapa de la parte trasera de un camión. El ave corre por todos lados unos 10 minutos hasta que la capturan.

2007

El 18 de noviembre, un artista de San Francisco, Michael Grbich, celebra su cumpleaños número 75 cruzando el puente mientras baila tap.

2010

En abril, los Harlem Globetrotters, famosos por sus destrezas cómicas y el baloncesto, cruzan el puente haciendo rebotes y pasándose la pelota.

2011

En agosto, la compañía Hershey construye un modelo del puente hecho de caramelo.

El 21 de octubre, personas de todo el país se reúnen con la primera dama Michelle Obama para intentar romper el Récord Mundial Guinness por hacer la mayor cantidad de saltos abriendo y cerrando las piernas y juntando y separando los brazos sobre la cabeza en un período de 24 horas. Un grupo hace sus saltos sobre el puente. Todo es parte de la campaña "Movámonos" de la Sra. Obama.

2012

El 21 de septiembre, el transbordador espacial *Endeavor* pasa sobre el puente. Montado sobre un avión 747, la nave espacial ya no se usará y se dirige al Centro Científico de California en Los Ángeles para ponerla en exhibición.

2013

El peaje electrónico hace que cruzar el puente sea más rápido y fácil. Unas cámaras leen la placa de matrícula cuando cruzan. Luego, los conductores obtienen recibos por su peaje.

2012

¡El puente cumple 75 años! Los festejos celebran su historia, belleza y majestuoso diseño. Los científicos instalan "velas de cumpleaños" solares en los puntos superiores del puente.

Compruébalo ¿Cuáles de estos sucesos del puente te gustaría haber visto? ¿Por qué?

Trabajar bajo el agua

por David Holford

El estrecho de Golden Gate es una de las masas de agua más peligrosas del mundo. En este angosto estrecho, el agua del océano Pacífico ingresa a la bahía de San Francisco. Al mismo tiempo, los ríos que desembocan en la bahía empujan el agua al mar. Cuando estas aguas se encuentran, se producen **corrientes** violentas. Muchos creían que sería imposible construir un puente sobre el estrecho debido a estas fuertes corrientes. Los trabajadores tendrían que hacer parte de las obras de construcción en el agua.

Buzos comerciales, personas a las que se les paga para que trabajen bajo el agua, asumieron estos desafíos y peligros. Se requirió destreza, valentía y equipos especiales para construir el puente Golden Gate. Muchos buzos se enorgullecieron de participar en uno de los proyectos de construcción más grandes de la historia de los Estados Unidos.

"Mi parte en la construcción del puente fue poner cargas explosivas que volaron rocas para preparar el lecho del mar", dice un buzo. "Tuve que guiar paneles de acero de 40 toneladas que se bajaron con grúas a su posición en el lecho", recuerda otro. Otros trabajadores quitaron toneladas de tierra suelta después de las explosiones. Algunos trabajadores soldaron piezas de acero para formar la base del puente. Todo esto sucedió en las profundidades subacuáticas.

< La estructura con forma ovalada en el medio del estrecho se creó para construir la base de la torre. Luego se extrajo el agua del óvalo. Esto dejó un área seca para trabajar.

< Los buzos solo tuvieron sesiones de 24 minutos por día para trabajar bajo el agua. Tenían que estar fuera del agua cuando las corrientes eran más fuertes y peligrosas.

∧ Los trabajadores usaron grúas para quitar la roca y la tierra que quedaron sueltas después de las explosiones subacuáticas. Despejaron el lecho marino para hacer espacio y construir la base del puente.

casco de metal

línea de aire

∨ Los trabajadores vierten concreto para los cimientos de la torre.

El puente que construyeron los buzos

El puente Golden Gate cuelga de gruesos cables de acero sujetos a dos torres enormes. Una torre se asienta en la costa. Su base está plantada firmemente en el suelo. La otra torre se eleva bastante sobre el agua. Yace sobre un **cimiento**, o base, de hormigón que se posa en la profundidad subacuática sobre el lecho marino.

Para comenzar la construcción del puente, los trabajadores primero tuvieron que hacer explotar la roca subacuática. Esto dejó espacio para un cimiento fuerte y nivelado para la torre del puente. Cuando el piso quedó liso y limpio, construyeron un muro con forma ovalada que se extendía hacia arriba sobre el agua. El muro rodeaba un área del tamaño de una cancha de fútbol americano. Luego, los trabajadores extrajeron millones de galones de agua del interior del muro. Esto dejó un espacio seco y vacío en el medio del estrecho. Ahora podían construir el cimiento de cemento para la torre sin mojarse.

Los trabajadores llenaron el área seca con cemento y dejaron que se secara. Luego se vertió agua de nuevo dentro de la estructura. Ahora había agua a ambos lados del muro. Esto evitó que las fuertes corrientes destruyeran la estructura.

De nuevo bajo el agua, los buzos usaron vigas de acero para construir la torre. La torre de acero salía del agua y se elevaba a gran altura. Ahora el resto del puente podía completarse sobre el agua.

faja

< El traje que usaban los buzos para construir los cimientos del puente Golden Gate no se diseñaron para nadar. Los pesados cascos de metal y botas con peso ayudaban a mantener a los trabajadores a salvo bajo el agua. La faja era un collar que se adhería al casco. Servía de sello hermético.

botas pesadas de metal

Diferentes inmersiones y tareas

Cuando pensamos en los buzos, quizá pensamos en nadadores que buscan peces coloridos en el océano. Pero los buzos que construyeron el puente Golden Gate no se sumergían para divertirse. Los buzos comerciales entran al agua a trabajar. Hacen muchos trabajos. Algunos reemplazan las tuberías subacuáticas en los ríos. Otros inspeccionan muros que evitan inundaciones. Los buzos comerciales pueden usar herramientas como taladros, martillos grandes y sopletes. Pueden reparar una plataforma petrolífera en el medio del océano. Pueden encontrar un viejo barco hundido y recuperar su tesoro.

Algunos buzos trabajan en pantanos, puertos o incluso grandes tuberías que transportan agua debajo de las ciudades. Estos buzos con frecuencia no pueden ver lo que hacen en el agua oscura y turbia. Deben tantear a su alrededor para construir o reparar algo. En estas situaciones, los buzos adhieren un cable a su traje. Seguir el cable les ayuda a encontrar el camino de vuelta a la superficie.

> La herramienta adecuada es muy importante para los buzos comerciales. Este buzo usa una herramienta para ajustar pernos.

Este buzo toma notas bajo el agua. Usa un tablero y un instrumento de escritura especial que funcionan bajo el agua.

Mantener los puentes fuertes

Buzos de todo el mundo ayudan a construir estructuras subacuáticas como puentes, diques y canales. También mantienen y reparan estructuras que se construyeron hace muchos años, como el puente Golden Gate. Algunos trabajadores subacuáticos reparan grietas en los cimientos de la torre. Otros trabajan bajo el agua para fortalecer la torre para que pueda resistir los frecuentes terremotos de California.

Los buzos modernos se enfrentan a muchos peligros en el estrecho de Golden Gate. Se enfrentan a los mismos peligros que los buzos que construyeron el puente. Las corrientes fuertes, el equipo pesado de inmersión y el agua fría y turbia hicieron que las condiciones de trabajo fueran difíciles para los buzos que construyeron el puente.

El puente Golden Gate se yergue tan fuerte y estable como siempre. Podemos agradecer a la valentía de los buzos que lo construyeron y los buzos que lo mantienen en la actualidad. Gracias a ellos, sigue siendo un ejemplo de la imaginación, el coraje y la destreza estadounidense.

^ Algunos buzos usan máscaras de buceo en lugar de cascos, según el trabajo que tengan que hacer.

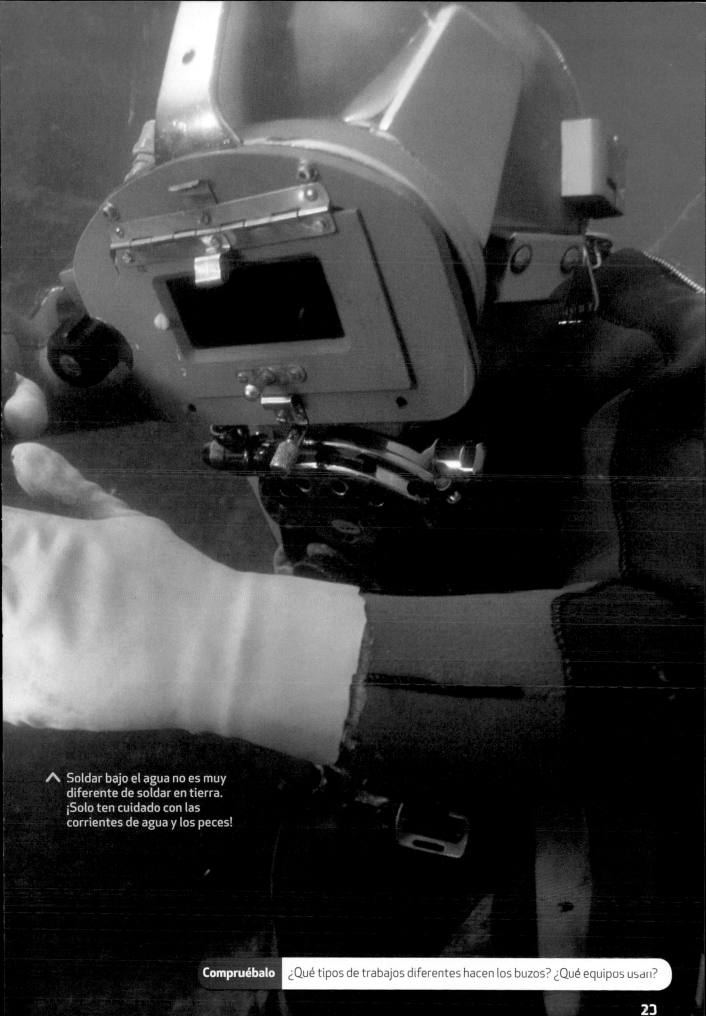

Soldar bajo el agua no es muy diferente de soldar en tierra. ¡Solo ten cuidado con las corrientes de agua y los peces!

Compruébalo ¿Qué tipos de trabajos diferentes hacen los buzos? ¿Qué equipos usan?

UN COLOR LLAMATIVO

por Brinda Gupta   ilustraciones de James Madsen

Te encuentras en el Presidio, un parque en la punta norte de San Francisco. El puente Golden Gate se eleva casi sobre tu cabeza. La estructura hecha por el hombre de alguna manera encaja con las colinas doradas y verdes que rodean la bahía y con la bruma gris que cae del cielo. El color brillante del puente contrasta de manera agradable con el agua y el cielo azul. Sin embargo, el color del puente no tiene nada que ver con su nombre. De hecho, el nombre del puente Golden Gate ya se había escogido antes de que se eligiera el color. ¿Por qué este puente no es gris, como tantos otros?

Los trabajadores que tomaban el transbordador entre San Francisco y las ciudades del condado Marin en la década de 1930 eran afortunados. Podían observar un bello paisaje en su viaje entre la casa y el trabajo. También tenían una vista diaria de los trabajadores que construían el puente Golden Gate.

El arquitecto del puente Irving F. Morrow se ponía en la cubierta del transbordador durante su viaje al lugar de la construcción. Examinó el puente desde diferentes ángulos e hizo bosquejos en su cuaderno. Desde el transbordador, observó el puente con diferentes tipos de luz y diferentes tipos de estados del tiempo. Había diseñado un gran puente, pero todavía tenía que tomar una decisión importante. La mayoría de los puentes eran negros, grises o plateados. Era probable que el puente Golden Gate también lo fuera. Pero cuando Morrow bosquejaba, se preguntó si quizá este puente especial debía ser diferente.

Con la ayuda de otros arquitectos, ingenieros y artistas, Morrow estudió el aspecto de diferentes colores en contraste con el agua y las colinas. Se hizo estas preguntas:

¿El puente debe resaltar y hacer alarde de su diseño moderno?

¿Debe mezclarse con el paisaje que las personas ya disfrutan?

¿Qué colores se lucirán contra los colores del agua y las colinas?

¿Qué colores resaltarán en la frecuente niebla de San Francisco?

"El puente debe ser negro, sin dudas", decían algunos.

Morrow coloreó sus bosquejos de negro.
Le pareció que era feo y hacía que el puente pareciera pequeño.

"Es fácil mantener el buen aspecto de un puente plateado", decían otros.

Observando sus bosquejos, Morrow sospechó que el plateado haría que el puente pareciera un avión.

A la marina estadounidense le preocupaba que los barcos no vieran el puente en la densa niebla. ¿Morrow consideraría las llamativas líneas negras y amarillas?

¡En absoluto! —dijo Morrow—. Las líneas se verán absurdas.

"Este puente es especial", se recordaba Morrow a sí mismo. "Será importante para el transporte, pero eso no es todo. Se encuentra en uno de los paisajes más bonitos del mundo. Será un símbolo de San Francisco, California, e incluso de los Estados Unidos. No puede ser algo común".

Morrow encontró un color anaranjado rojizo brillante que marcaba parte del acero que se usó para construir el puente. Este color anaranjado brillante se llamaba anaranjado internacional. Morrow pensó que era perfecto. Sin dudas, no era nada común.

Los directivos del puente se sobresaltaron. El color parecía osado y extraño. ¿Arruinaría el paisaje? Las personas podrían quejarse de que arruinaba la vista. No era el color sencillo que se habían imaginado que tendría el puente.

—El puente Golden Gate es uno de los monumentos más sensacionales de todos los tiempos —les recordó Morrow—. Su color no debe ser sencillo.

Todos aceptaron la pintura anaranjada a regañadientes, pero pronto supieron que habían tomado la decisión correcta. El anaranjado internacional resaltaba. Resaltaba para los barcos que navegaban con niebla densa. Resaltaba para los turistas que admiraban la vista desde lejos. Pero el color también se mezclaba bien con los colores que rodeaban al puente. El anaranjado internacional tenía un aspecto magnífico contra el mar azul, las colinas verdes y doradas y los muchos colores de la silueta de los edificios de San Francisco.

Morrow había elegido un color que resaltaba la magia del puente. También le permitió al puente convertirse en parte de la belleza natural del área.

Con el tiempo, este color poco común se hizo bastante popular. Personas de todo el mundo comenzaron a solicitar el anaranjado internacional para usar como el color de pintura en su casa y en sus carros y bicicletas. El color de pintura se mezcla especialmente para el puente, pero la ciudad de San Francisco puso la fórmula del color en su página web. En la actualidad las pinturerías pueden hacerlo, y las personas pueden crear lo que quieran con el mismo color anaranjado internacional.

REFRESCAR EL COLOR

A los sanfranciscanos y personas de todo el mundo les encanta el color anaranjado de este puente. Pero mantener el brillo de la pintura lleva bastante trabajo.

Los pintores deben trepar a casi 750 pies de alto. Pintan cada pulgada del puente.

Las capas de pintura protegen el acero de la **corrosión**, o desgaste del metal. Pero el agua salada y la niebla desgastan la pintura rápidamente. Un equipo de casi 30 trabajadores mantiene la pintura del puente, retocando los puntos desgastados toda la semana. No pintan cuando llueve, pero pintan cuando hay niebla y viento. Los pintores tienen vistas en primer plano del puente, por lo tanto, les indican a otros equipos cuándo el puente necesita reparaciones.

Para mantener el aspecto nuevo del puente, el equipo usa de 5,000 a 10,000 galones de pintura por año. Hace unos 20 años, el **fabricante** de pintura cambió su fórmula para hacer que fuera seguro inhalar las emanaciones de la pintura. Eso, junto con mejores equipos de seguridad, ayudan a los pintores del Golden Gate cuando trabajan. Gracias a ellos, los visitantes siempre pueden ver el puente de la manera en que Morrow quería que luciera.

Compruébalo ¿Por qué Morrow eligió el anaranjado internacional? ¿Qué otras opciones consideró?

Comenta

1. ¿Qué conexiones puedes establecer entre los cuatro artículos que leíste en este libro? ¿Cómo se relacionan los artículos entre sí?

2. ¿Cómo habrá sido ser una de las primeras personas que cruzaron el puente Golden Gate el "Día del peatón"? Usa las descripciones de las vistas, los sonidos y las sensaciones que incluyó el autor para describir qué debieron haber experimentado esos primeros peatones.

3. ¿Por qué las aguas del estrecho de Golden Gate eran especialmente peligrosas para los buzos que construían el puente Golden Gate?

4. Resume la secuencia de sucesos que llevaron a la decisión de pintar el puente Golden Gate de color anaranjado internacional.

5. ¿Qué más te gustaría saber sobre el puente Golden Gate? ¿Cómo puedes descubrir más?